AF240026

TRIBUNAL CIVIL DE NANTES.

RAPPORT MÉDICO-LÉGAL

DE

MM. BLANCHE et MOTET.

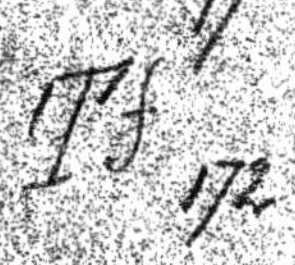

TRIBUNAL CIVIL DE NANTES.

RAPPORT MÉDICO-LÉGAL

DE

MM. BLANCHE ET MOTET.

Nous soussignés, Docteurs en Médecine de la Faculté de Paris, E. Blanche, officier de la Légion d'honneur, et A. Motet, chevalier du même ordre, consultés par Madame Clerissau, veuve du baron Manigault Gaulois, sur l'état mental de son fils, M. Arthur Manigault Gaulois, après avoir attentivement examiné les pièces qui nous ont été soumises, et en avoir longuement conféré, avons rédigé le rapport suivant :

Si les faits articulés sont vrais, s'ils sont prouvés, ou peuvent l'être, l'aliénation mentale de Monsieur Arthur Manigault Gaulois ne saurait être contestée. Pour notre part, nous trouvons dans la requête introductive présentée le 21 juillet 1876, par Madame la baronne Manigault Gaulois, pour demander l'interdiction de son fils, dans les conclusions formulées le 27 décembre 1876, un ensemble de faits caractéristiques dont l'authenticité a été reconnue par la délibération du conseil de famille en date du 7 novembre 1876, et dont nous devons donc accepter la réalité. En conséquence, nous sommes autorisés à les discuter, et à en rechercher la valeur, au point de vue de la capacité civile de Monsienr Arthur Manigault Gaulois. Des recherches de ce genre ne sauraient être circonscrites à une période de la vie de la personne en cause ; elles doivent s'étendre à son existence tout entière, et y relever tous les faits qui sont de nature à porter avec eux la lumière et la conviction.

A l'âge de 13 ans, M. Arthur Manigault Gaulois fut atteint de délire mélancolique avec prédominance de préoccupations religieuses. Les troubles intellectuels prirent un caractère assez grave pour qu'il devînt nécessaire de le soumettre à un traitement approprié dans une Maison de santé spéciale ; il reçut à Ivry, près Paris, les soins de Monsieur le Docteur Baillarger. Son séjour dans cet Etablissement fut assez court ; il n'y a là rien qui doive surprendre : en effet, il est d'expérience que la folie du jeune âge est plus aiguë et par conséquent d'une évolution plus rapide que dans l'âge adulte ; mais, par contre, lorsqu'elle éclate en dehors de troubles physiques se manifestant sous la forme d'un désordre d'origine exclusivement cérébrale, il y a lieu de concevoir de sérieuses craintes pour l'avenir. M. Arthur Manigault Gaulois n'a pas échappé à cette loi pathologique : les accès de délire se sont répétés, et il a fallu le placer de nouveau à la Maison de santé d'Ivry, à l'âge de 19 ans. En 1868, il était ramené à Paris par son père et placé chez Monsieur le Docteur Plouvier ; une quatrième fois, il dut être interné à l'Asile des aliénés de Nantes.

Rien n'est plus facile que de vérifier l'état de M. Arthur Manigault Gaulois à ces différentes époques ; son passage a laissé des traces écrites sur les registres tenus conformément à la loi dans chacun des établissements où il a été traité. On y pourra suivre les phases diverses d'un état de folie permanent, avec des paroxysmes dont la violence commande des mesures spéciales, et avec des retours de calme mais non de raison, car les excentricités persistent, le désordre dans les actes se montre évident pour tous, et la vie de M. Arthur Manigault Gaulois n'est qu'une longue suite de scènes délirantes, au milieu desquelles apparaît, par intervalles, une lucidité qui ne nous semble pas avoir jamais été complète, et dont le degré, très-difficile à apprécier d'ailleurs, n'a jamais été exactement mesuré.

Il importe que la preuve de ces scènes délirantes soit faite, non pas pour nous qui pouvons avec les affirmations du dossier reconstituer tout un passé morbide ; nous les reprendrons, comme étant prouvées ; elles répondent à un type connu d'aliénation mentale, dont les manifestations habituelles ne diffèrent pas de celles qui sont exposées dans les pièces soumises à notre examen.

Depuis l'âge de 13 ans, M Arthur Manigault Gaulois est profondément atteint dans ses facultés intellectuelles. Le premier accès de délire a pu être de courte durée, mais il a laissé des traces ; s'il n'a pas diminué notablement les aptitudes, si les études ont pu être terminées avec succès, il n'y a là rien d'insolite. Mais, pour ne pas se manifester d'une manière évidente, les troubles névropathiques n'en persistent pas moins à l'état latent, et, après un certain intervalle, ils apparaissent de nouveau sous une autre forme. Le second accès de folie, à 19 ans, ne ressemble pas au précédent : la dépression mélancolique a fait place à l'excitation orgueilleuse ; la progression est certaine, le délire à des racines plus profondes, et si l'excitation prédomine, elle a les caractères d'un état qui ne sera pas transitoire, malgré son apparente acuité ; nous y pouvons déjà reconnaître les traits des folies héréditaires : nous ne savons rien des antécédents de M. Arthur Manigault Gaulois ; nous ne voulons poser qu'une appréciation scientifique dont l'exactitude pourrait être au besoin vérifiée.

Tout ce qui se passe depuis qu'il est sorti pour la seconde fois d'Ivry, indique qu'il n'était pas guéri, et appartient à un état habituel de trouble où se succèdent les emportements maniaques, les violences exercées sur les membres de sa famille, une tentative de suicide, et les impulsions instinctives les plus désordonnées. Nous croyons sans peine aux actes obscènes, aux attentats à la pudeur commis sur de jeunes enfants ; toutes les brutalités sont possibles, étant admis l'état de Manie Chronique de M. Arthur Manigault Gaulois : ce qui nous étonne, c'est que des actes de cette nature n'aient pas entraîné des poursuites, et nous ne pouvons que le regretter, car une expertise médicale que l'on n'aurait pas manqué d'ordonner alors, constituerait aujourd'hui un document judiciaire authentique dont personne ne songerait à contester la valeur ; ce document établirait le désordre des facultés existant à cette époque, ainsi que le délire Erotique qui a surtout dominé dans les dernières années de la vie de M. Arthur Manigault Gaulois.

Le voyage à Rome, avec l'idée d'al'er y chercher une Italienne pour en faire sa femme, est une de ces conceptions folles dont la réalisation n'était pas, à la rigueur, impossible, mais qui, dans l'espèce, ne devait pas aboutir, par le fait même de l'état d'esprit de M. Arthur Manigault Gaulois ; en effet, présenté dans une famille à Rome, il s'y conduit d'une manière si étrange que le père de la jeune fille s'étonne, demande des renseignements, et le jeune homme rentre précipitamment en France.

Les accès de violence se rapprochent ; il faut encore une fois placer M. Arthur dans une Maison de santé à Paris ; nulle amélioration n'est obtenue ; les accès de fureur et les idées érotiques le rendent à ce point dangereux, que c'est d'urgence qu'il faut l'enfermer une quatrième fois, et à l'asile même de Nantes.

Malgré la frayeur qu'il inspire à son père et à sa mère, ceux-ci n'ont pas la fermeté de persévérer à cette époque dans une mesure que commandait leur propre sécurité, celle de leur enfant, et, dans leur aveugle tendresse, ils consentent à lui faire rendre sa liberté, dont il ne pouvait faire que le plus déplorable usage.

Depuis cinq ans, en effet, Monsieur Arthur paraît avoir vécu d'une vie de dissipation et de débauches ; il est un danger pour tous les membres de sa famille ; il frappe sa mère, il violente sa sœur le jour même de son mariage, et, toujours menaçant, il est l'objet de telles craintes, qu'on se trouve réduit à prendre des précautions en prévision d'un malheur possible.

Ce n'est pas seulement sur les membres de sa famille que s'exercent ses violences : M. Arthur vit avec une femme qu'il accable de coups, et, le jour, la nuit, il occasionne un tel scandale que, dans la maison de la rue Kervégan, les voisins se plaignent, on l'expulse. Les mêmes scènes se reproduisent rue du Refuge ; il bâtonne sa maîtresse, brise les meubles, menace de se servir de son révolver, et cause un tel effroi qu'une domestique refuse de rester plus long-temps à son service et quitte la maison.

Jusque dans les derniers temps de sa vie, M. Arthur Manigault Gaulois est resté le même. La demande en interdiction était fondée sur les faits que nous avons brièvement résumés, et sur les conclusions d'un Rapport médical signé de de deux noms qui font autorité, M. le professeur Tardieu et M. le professeur agrégé G. Bergeron. Un seul document, l'interrogatoire de M Arthur Manigault Gaulois, vint mettre obstacle au prononcé du jugement.

Il importe d'apprécier la valeur de cet interrogatoire et de rechercher s'il suffit, à lui seul, pour opposer à la demande d'interdiction, l'intégrité plus apparente que réelle des facultés intellectuelles de M. Arthur.

L'examen des aliénés présente parfois de sérieuses difficultés, et ce n'est pas trop, pour les résoudre, d'une longue expérience. Souvent il arrive, même aux médecins les plus habitués aux investigations de ce genre, de suspendre leur jugement et de ne formuler leurs conclusions qu'après de patientes recherches. Ce qu'il faut savoir, c'est qu'en dehors des démences confirmées, des états aigus d'aliénation mentale où le délire est général, de l'imbécillité complète, de l'idiotie, il reste des catégories nombreuses d'aliénés à délires partiels, avec conservation d'un certain degré d'activité intellectuelle qui peut tromper un homme inex-périmenté. Il suffit, en effet, que pendant l'interrogatoire, qui est ordinairement court et limité à un petit nombre de questions, il suffit, disons-nous, que l'atten-tion de l'aliéné soit fixée, que les conditions mêmes dans lesquels se produit l'examen l'émeuvent, pour que son attitude, ses réponses changent tout-à-coup : soutenu par les questions qu'on lui pose, mis en garde par une instinctive mé-fiance, il n'est plus lui-même; il est, pour un moment, ce que le font les circons-tances, et apprécier son état sur ces données incertaines qui ne sont qu'une partie de la vérité, c'est s'exposer à commettre une erreur. Aussi, bien souvent, les Magistrats, avec une prudente et sage réserve, veulent-ils être éclairés par le médecin.

C'est là ce qui s'est fait au sujet de M. Arthur Manigault Gaulois : une commission médicale, composée de MM. les Docteurs Chenantais, Laennec et Malherbe, fut nommée à l'effet de s'assurer, par un examen approfondi, de son état mental habituel.

Par les motifs que l'on sait, l'examen direct n'a pas pu avoir lieu ; mais, avant d'y procéder, nos honorables confrères, pour bien connaître les antécédents du malade, eussent, comme nous l'avons fait, pris connaissance de tout le passé de M. Arthur Manigault Gaulois, et après l'avoir, pour ainsi dire, suivi pas à pas dans sa vie, nous ne doutons pas qu'ils n'eussent été convaincus comme nous que l'aliénation mentale apparue chez lui en 1850, a revêtu depuis 1856 surtout la forme de Manie Chronique et que ses manifestations n'ont fait que s'aggraver dans les années suivantes, en prenant un caractère de plus en plus accusé d'incurabilité. L'enquête, si on la juge nécessaire, ne pourra que mettre mieux en lumière des faits pathologiques dont la signification ne saurait être incertaine pour nous. Elle établira que même dans les moments où un calme apparent succédait à de dangereuses violences, le fond restait toujours le même, et que M. Manigault Gaulois était incapable de se diriger et d'apprécier la valeur morale de ses actes. Et quand ces faits seront prouvés, quand l'état permanent de trouble mental sera démontré, que restera-t-il à établir encore ?

La possibilité d'un intervalle réellement et complétement lucide au moment où M. Arthur succombe aux progrès d'une cachexie cancéreuse ? Nous n'y croyons pas. Le désordre dans les sentiments, dans les idées, dans les actes, est trop ancien, trop profond, pour qu'un retour à un état cérébral normal nous paraisse possible. Ce n'est pas que nous voulions contester la lucidité apparente que M. Manigault Gaulois aurait montrée en présence des notaires et des témoins ; mais il nous est permis de rapprocher l'interrogatoire à fin d'interdiction subi au milieu d'un état notoirement mauvais, sans que les réponses du malade aient pu révéler cet état aux Magistrats, et le testament qui a été fait à une époque où le mal s'était encore certainement aggravé, ainsi que le démontre une crise d'agitation violente survenant, malgré l'affaiblissement physique dans lequel M. Arthur était tombé, et cette crise éclatant une heure et demie après que les dispositions testamentaires ont été prises Les notaires et les témoins, pas plus que les magistrats, n'avaient les éléments nécessaires pour bien apprécier la situation réelle de M. Manigault Gaulois ; et, nous le demandons, peut-on légitimement considérer comme entière et libre une volonté exprimée dans les conditions que nous avons exposées ?

Voici notre opinion :

Si les faits soumis à notre appréciation sont vrais, M. Arthur Manigault Gaulois a été atteint dès son enfance d'aliénation mentale.

Depuis vingt ans (1856), la maladie a présenté les caractères de la manie chronique, des périodes de rémission succédant à des périodes d'excitation, avec paroxysmes de fureur.

Cet état a pu offrir des moments où le désordre intellectuel n'apparaissait pas d'une manière évidente ; mais la continuité de ce trouble est démontrée par le retour subit et fréquent des emportements, par la persistance des sollicitations instinctives, et par les tendances érotiques, allant jusqu'à la brutalité.

En conséquence, nous nous croyons autorisés à conclure que Monsieur Arthur Manigault Gaulois, depuis les premières manifestations délirantes, a toujours été dans un état de trouble intellectuel qui ne lui permettait ni de se diriger convenablement, ni d'apprécier sainement la valeur de ses actes , et, en un mot, qu'il ne nous paraît pas avoir jamais recouvré à aucun moment l'intégrité de sa raison.

Fait à Paris, le 5 avril 1877.

E. BLANCHE.   **A. MOTET.**

Enregistré à Nantes, le
qui a perçu les droits.

, folio   , v. c.   , par Grégoire,

Nantes, imp. MERSON, rue du Calvaire, 8.

N° 208

IMPRIMERIE
MERSON,
À NANTES,
Rue du Calvaire.

Déclaration.

J'ai l'honneur de déclarer à Monsieur le Préfet de la Loire Inférieure
que je me propose d'imprimer un Écrit ayant pour titre :

Rapport Médico-Légal de MM.
Blanche et Motet

DÉTAIL DU DÉPOT.

Format . . . . *in 4°*
Nombre de feuilles *1*
Caractère . . . . *12 points*
Papier . . . . *carré*
Nombre d'exemplaires *70*

Je prie Monsieur le Préfet de me donner acte de cette Déclaration.

Nantes, le *13 février* 187*7*

J. Merson

dans un état de trouble intellectuel qui ne lui permettait ni de se diriger convenablement, ni d'apprécier sainement la valeur de ses actes, et
ne nous paraît pas a

Fait à Paris, le 5

Enregistré à Nantes, le
qui a perçu les droits.